GW01511156